Je m'appelle

J'ai reçu le baptême le

Mon parrain et ma marraine s'appellent

Ce livre est un cadeau de

Édition originale publiée en anglais sous le titre : *My Baptism Book*
par *Lion Hudson plc*, Oxford, Angleterre

Adaptation française : *Annick Lalucq*

Médiaspaul Éditions, 48 rue du Four, 75006 PARIS
editions@mediaspaul.fr

ISBN 978-2-7122-1036-6

Pour le Canada :
Mediaspaul, 3965 boulevard Henri Bourassa-Est,
MONTRÉAL, QC, H1H 1L1

Imprimé en Chine

Le livre de mon Baptême

Sophie Piper
Dubravka Kolanovic

MÉDIASPAUL

Moi !

Bonjour mon Dieu,
c'est moi !
Me voici avec ma tête,
mes pieds, mes mains,
mes doigts,
avec mon nez et mes oreilles !

Je suis comme ça !
Et quand je serai grand,
je resterai toujours
un enfant de Dieu !

Avant que j'existe,
Dieu m'aimait déjà.

Quand je suis venu au monde,
il m'aimait beaucoup.

Maintenant, je suis là,
et Dieu m'aime encore.

Et il m'aimera
toujours !

Seigneur,
toi qui as fait le ciel,
l'air et la mer,
toi qui fais naître la lumière,
tu me protèges.

Seigneur,
toi qui fais pousser l'herbe,
les fruits, les arbres,
qui fais passer les jours et les nuits,
tu me protèges.

Seigneur,
toi qui as fait tout ce qui existe,
sur la terre,
dans l'air et dans la mer,
toi qui nous donnes l'été et l'hiver,
l'automne et le printemps,
tu me protèges.

Sarah Betts Rhodes

Mon Dieu, je ne suis qu'un enfant,
et je ne peux pas faire
de grandes choses.
Mais avec toi je n'ai pas peur,
comme dans les bras
de maman.

Cf. Psaume 131

Quand je tiens la main
de quelqu'un qui m'aime,
je me sens bien.

Quand je regarde
quelqu'un qui m'aime,
je me sens bien.

Quand je lève les yeux
vers le Dieu qui m'aime,
je me sens bien.

Mon Baptême

Je suis baptisé,
je suis vraiment
un enfant de Dieu.
Je veux suivre Jésus
de tout mon cœur.

L'Esprit Saint
est mon ami,
et il me rend fort.

Un jour, des gens viennent présenter
leurs enfants à Jésus pour qu'il les bénisse.

Les amis de Jésus se mettent en colère. Ils leur disent :
« Ne lui faites pas perdre de temps. Vous voyez bien qu'il est tout occupé à parler de l'amour de Dieu ! Ce qu'il explique est trop difficile et trop important pour des enfants ! »

Mais Jésus leur répond :
« Laissez venir à moi les petits enfants
et ne les empêchez pas, car le Royaume de Dieu appartient à ceux qui leur ressemblent. »

Cf. Luc 18

Un autre jour, Jésus raconte l'histoire
d'un berger et de son troupeau.

Il était une fois un berger qui avait
un troupeau d'une centaine de moutons.
Un matin, voilà qu'un agneau a disparu !
Aussitôt, le berger laisse tous les autres dans
un grand pâturage et part à la recherche du
petit mouton perdu.
Il traverse des vallées, parcourt des collines.
Les heures passent. Et le soleil décline
à l'horizon.
Enfin il le retrouve ! Il a fait un long chemin.
Mais il est si heureux de le revoir !
Il le prend dans ses bras et le rapporte
à la maison.
Quand l'agneau a rejoint le troupeau,
le berger appelle ses amis :
« Comme je suis content ! leur dit-il.
J'ai retrouvé l'agneau que j'avais perdu.
Venez avec moi, nous allons faire une
grande fête ! »

« Dieu est comme un berger, dit Jésus.
Quand quelqu'un se tourne vers lui
et demande à retrouver son amour,
tous les anges chantent de joie ! »

Cf. Luc 15

Ange de Dieu, mon ange gardien
que Dieu m'a donné parce qu'il m'aime,
ne me quitte pas.
Reste près de moi toute la journée
pour me donner ta lumière,
me protéger et me guider.
Amen.

Prière traditionnelle

Enfant de Dieu

Je me lave les mains
pour qu'elles soient
toutes propres,
et prêtes à faire le bien.

Dieu me voit,
et il m'apprendra comment faire.

Le matin,
quand revient la lumière du soleil,
et que le ciel est tout doré,
je fais ma prière :

« Seigneur,
montre-moi ce qu'il faut faire.
Aide-moi à être bon.
Protège-moi.
Bénis-moi, Seigneur.
Avec toi,
je suis heureux. »

Cf. Psaume 5

Nous ne pouvons pas faire
de grandes choses.
Nous pouvons seulement
faire de petites choses
avec un grand amour.

Mère Teresa de Calcutta

Que mes mains soient utiles :
que je rende service à la maison,
pour que tout ce qui est fatigant
devienne amusant.

Que mes mains soient habiles
quand je joue aux cubes
et au jeu de construction,
dans le sable et la terre, avec du papier,
de la peinture ou de la colle.

Que mes mains soient gentilles
et que je n'ose jamais m'en servir
pour bousculer les autres
ou pour leur faire du mal,
mais qu'elles soient toutes douces
pour faire des câlins.

L’amour vient de Dieu...
Car Dieu est amour.

Cf. 1 Jean 4

J’aime Dieu de tout mon cœur.
J’aime Dieu de toute mon âme.
J’aime Dieu de tout mon esprit.

Cf. Deutéronome 6,5

Je veux aimer mon prochain
comme moi-même.

Cf. Marc 12

Je veux aimer aussi
ceux qui sont méchants avec moi.
Je prie pour eux.

Cf. Matthieu 6

J'aime Jésus et ses amis.
Et c'est Jésus qui nous a aimés le premier.

Cf. Jean 13

Dieu

Ô Seigneur,
tu as le cœur d'un papa et d'une maman.
Tu es si grand, si bon.
Tu nous entoures et tu nous aimes.

Ô Seigneur,
merci pour le grand amour
que tu montres à chacun de nous.

Cf. Julienne de Norwich

L'écume des vagues
est toute blanche,
blanche comme la neige.
Comme tu es grand,
toi qui as fait
toutes les choses de la terre !

Les prairies sont toutes vertes
et les arbres aussi.
Comme tu es grand,
toi qui as fait
tout ce qui vit sur la terre !

Les bleuets sont tout bleus,
bleus comme le firmament.
Comme tu es grand,
toi qui as fait
toutes les choses du ciel !

La moisson est toute dorée,
comme le soleil.
Dieu a fait tout ce qui existe.
C'est notre Créateur.
Qu'il est grand !

Merci Seigneur !
Tu es si bon avec moi !
Tu écoutes mes prières.
Merci pour le monde qui est autour de moi.
Pour la neige et le ciel bleu,
le soleil et la pluie,
les semailles et les moissons,
la ville et ses beaux jardins.
Pour toutes ces bonnes choses,
je te dis merci !

Cf. Psaume 65

Que toute la terre chante pour Dieu !
Les anges dans le ciel,
le soleil, la lune et les étoiles
qui scintillent dans la nuit.

Les océans et les baleines géantes,
les tempêtes et les grandes vagues,
les animaux qui courent dans les montagnes,
et les oiseaux qui volent très haut
au-dessus des plaines.

Et tous les gens de la terre,
jeunes et vieux, riches et pauvres !
Chantez alléluia !

Cf. Psaume 148

Seigneur, tu es le bon berger,
tu donnes à tes brebis
tout ce qu'il leur faut.

Tu les emmènes
dans les verts pâturages
et elles mangent tranquillement.

Tu les emmènes
près des sources fraîches
et elles s'y reposent en paix.

Seigneur, tu t'occupes aussi de moi.
Tu es toujours près de tes enfants.

Cf. Psaume 36

Jésus

Jésus, toi qui es l'ami
des petits enfants,
sois mon ami.
Prends ma main
et garde-moi
toujours près de toi.

Walter John Mathams

Je voudrais aller jusqu'à Noël,
en suivant la lumière de l'étoile.

Je voudrais aller sur la colline
où dorment les bergers.

Je voudrais voir la lumière des anges
qui chantent du haut du ciel,
et regarder Marie
bercer doucement
l'Enfant-Dieu.

Lois Rock

Voici ce que dit Jésus :
« La seule chose qui compte vraiment,
c'est de chercher le Royaume de Dieu.
Ne t'inquiète pas du reste.

Regarde les oiseaux du ciel.
Ils ne font pas des tas de provisions dans leurs greniers. Ils savent que Dieu s'occupe d'eux.

Regarde les fleurs des champs.
Elles ne se font pas de robes. Mais Dieu leur donne de merveilleux pétales pour les habiller.

Si Dieu prend soin des oiseaux et des fleurs, tu peux être certain qu'il le fera encore bien plus pour toi ! »

Cf. Matthieu 6

Et Jésus dit encore cela :

« Quand vous priez, dites :
Notre Père, qui es aux cieux,
que ton nom soit sanctifié,
que ton règne vienne,
que ta volonté soit faite
sur la terre comme au ciel.

Donne-nous aujourd'hui
notre pain de ce jour.
Pardonne-nous nos offenses
comme nous pardonnons aussi
à ceux qui nous ont offensés.
Et ne nous soumets pas à la tentation,
mais délivre-nous du mal.

Car c'est à toi qu'appartiennent
le règne, la puissance et la gloire
pour les siècles des siècles.
Amen. »

« Écoutez, voici à quoi ressemble
le Royaume de Dieu :
Un semeur prend une petite graine
de moutarde et la plante dans la terre.
Elle pousse et devient un grand arbre.
Alors, tous les oiseaux du ciel viennent
y faire leur nid. »

Cf. Matthieu 13

Mon Dieu,
garde-moi bien dans ton amour.

Jésus a été crucifié.
Il est mort
et il a été enseveli.
Et Dieu lui a donné
une vie nouvelle.

Dans le jardin de Pâques,
les feuilles reverdissent.
Dans le jardin de Pâques,
le Seigneur est ressuscité.

Dans le jardin de Pâques,
je sais que le Dieu du ciel
viendra me chercher
et qu'il nous emportera
tous au Paradis
grâce à l'amour de Jésus.

Lois Rock

À Noël, les anges ouvrent
les portes du ciel vers la terre :
je veux faire une grande place au ciel
dans ma vie.

À Pâques, les anges ouvrent
les portes de la terre vers le ciel :
je veux suivre Jésus
dans le Royaume de Dieu.

L'Esprit Saint

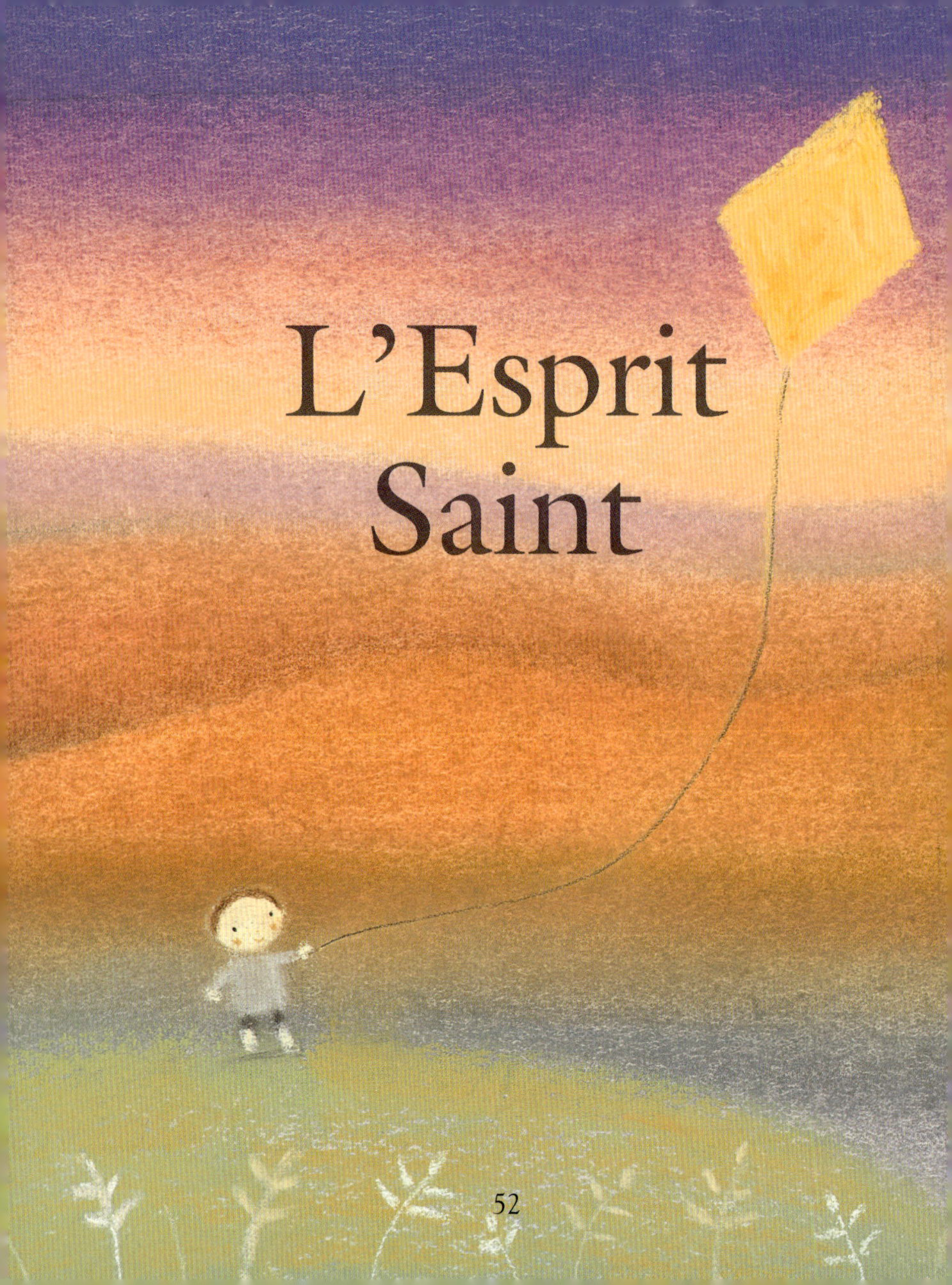

Que l'Esprit Saint souffle
comme un grand vent sur moi,
pour me donner confiance,
pour apprendre à aimer.

Que l'Esprit Saint vienne en moi
comme une flamme d'or,
pour réchauffer mon cœur,
pour me donner
plein de force et de courage.

Lois Rock

Esprit de Dieu,
apprends-moi
à aimer !

Esprit de Dieu,
apprends-moi
à être sage !

Esprit de Dieu
apprends-moi
à pardonner !

Esprit de Dieu,
apprends-moi
à être bon !

Que ma vie brille
comme une étoile dans la nuit,
et qu'elle répande
la lumière et l'amour
autour de moi.

Cf. Philippiens 2

Petites prières du soir

Mon Dieu,
tu as fait le monde
et tu nous as envoyé Jésus.

Tu m'as donné une famille,
une école et des amis.

Tu aimes tout ce qui existe.
Garde-nous dans ton amour
et dans ta paix.

Dieu mon Père,
viens près de moi !
Jésus,
écoute-moi !
Ô Saint-Esprit,
reste avec moi !

Que l'amour de Jésus
soit dans mon cœur,
que mes rêves
soient pleins de lumière,
et que je me repose bien
cette nuit,
pour que demain
je sois sage !

Que Dieu bénisse tous ceux que j'aime,
que Dieu bénisse tous ceux qui m'aiment,
que Dieu bénisse tous ceux qui aiment
ceux que j'aime
et qu'il bénisse tous ceux qui aiment
ceux qui m'aiment !

Prière de la Nouvelle Angleterre

Mon Dieu,
empêche-moi d'avoir peur
cette nuit,
que les anges veillent sur moi
pendant mon sommeil
et que la Vierge Marie
me protège.

Quand je suis couché,
je m'endors dans la paix.
Toi seul, mon Dieu,
me garde en toute sécurité.

Cf. Psaume 4

Mon Dieu, quand je m'endors,
je pense à papa et maman,
à mon parrain et à ma marraine.
Ils s'occupent beaucoup de moi.
Je pense aussi à tous mes amis
qui jouent avec moi,
à ceux que je n'arrive pas à aimer,
et aux enfants malheureux.
Je te remercie pour eux.

S'il-te-plaît, mon Dieu,
donne-nous ta paix.